Ce livre appartient à :

Casterman
Cantersteen 47
1000 Bruxelles

www.casterman.com

ISBN : 978-2-203-10757-1
N° d'édition : L.10EJCN000545.C002

Achevé d'imprimer en septembre 2017, en France par Pollina - 82268.
Dépôt légal : juin 2016 ; D.2016/0053/141
Déposé au ministère de la Justice, Paris (loi n°49.956 du 16 juillet 1949 sur les publications destinées à la jeunesse).

martine

au cirque

d'après les albums de Gilbert Delahaye et Marcel Marlier

casterman

C'est la nuit. Dans son lit, Martine fait un rêve extraordinaire.
Elle imagine qu'elle travaille dans un cirque avec des clowns, des chevaux, des éléphants et des lions.

Le cirque est plein à
craquer. Quand tout
le monde est enfin assis,
on allume les lumières.
Martine s'avance au milieu
de la piste.
Après avoir salué à droite
puis à gauche, elle dit :
« Mes chers amis,
la séance va commencer ».

Tout d'abord, voici
les clowns Pif et Paf.
– Je vais raconter l'histoire
de l'éléphant qui a perdu
ses oreilles en se baignant
dans la rivière, dit Pif.
Tout le monde l'écoute
en riant.

Martine, elle, montre
sa poupée qui marche
toute seule. Quel succès !

Vite, il faut changer de costume en coulisse.
Il y a là des robes, des vestes, des rubans...
Martine n'a que l'embarras du choix !
Il y a même un chapeau pour Patapouf !

Martine a préparé un nouveau numéro : elle roule autour de la piste sur sa jolie bicyclette pendant que Patapouf se tient en équilibre sur le guidon. Le public, plein d'admiration, les applaudit très fort.

Après la bicyclette, Martine enfile ses patins. Patapouf aimerait bien les essayer, mais il paraît qu'on n'a jamais vu un chien à roulettes, pas même au cirque.

Mais, plus tard, quand tout le monde dormira, il fera quelques tours de piste. Promis, juré !

Martine sait aussi faire danser les chevaux du cirque : le blanc et le noir. Ses chevaux marchent au son du tambour comme des soldats. Ils saluent la foule de la tête tant ils sont polis et bien élevés.

C'est maintenant l'heure de l'entracte ! Martine en profite pour vendre des friandises.
Pour l'occasion, elle porte une casquette et un uniforme avec des galons.

La pause est terminée. Place maintenant au spectacle des équilibristes ! On tend un câble au-dessus de la piste, et, dans un roulement de tambour, Martine se met à danser sur le fil.

Avec ses chaussons blancs
et son ombrelle, elle a l'air
aussi légère qu'un papillon !

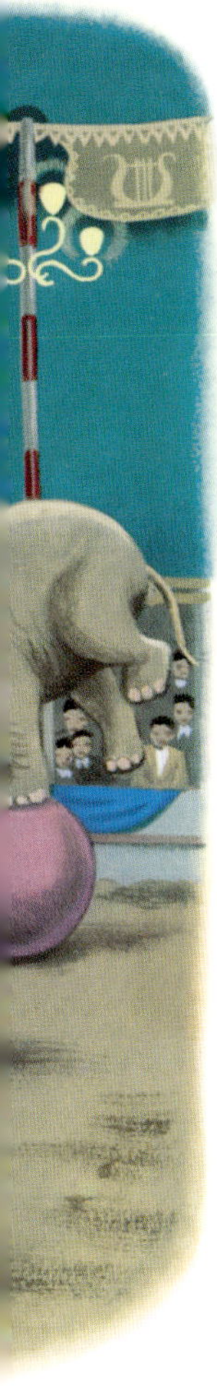

Après quoi, Martine accueille Trompette l'éléphant. Trompette a amené son bébé avec elle. Il est si jeune qu'il ne tient pas encore fort bien sur ses pattes !

Mais, Mesdames, Messieurs, voici déjà le numéro suivant : « Martine, magicienne ».

Grâce à sa baguette magique, Martine fait apparaître un lapin, une colombe et tout un tas d'objets hors de son chapeau.

Il ne manque que Patapouf !

Les clowns Pif et Paf ont
changé de costume.
– Nous allons jouer
de la musique, dit Pif.
– Pour Martine et tous
nos amis ! ajoute Paf.
Martine est sous le charme.

L'heure tourne et Martine doit maintenant réaliser son dernier numéro. Comme elle aime beaucoup les lions, elle entre sans hésiter dans leur cage. « Debout, fainéants ! », crie-t-elle en faisant claquer son fouet.

La séance est malheureusement déjà terminée ! Tout le monde s'est bien amusé. Le public est ravi. Un garçon offre un bouquet de fleurs à Martine. Patapouf, quant à lui, reçoit un joli ruban vert.

Après la représentation,
Martine rejoint son ami,
l'ours Martin. Il est en train
de regarder le journal.
– Parle-t-on de notre
spectacle ? demande Martine.
– Hélas, je ne sais pas lire...,
répond l'ours.

– Un jour je t'apprendrai l'alphabet, et nous ferons le plus beau numéro du monde.

Tout à coup, une
sonnerie retentit.
« **Driiiing !** » Martine
se retrouve dans son
lit. Quelle belle nuit...
une vraie piste
aux étoiles !

Titres disponibles

1. **martine** petit rat de l'opéra
2. **martine** un trésor de poney
3. **martine** apprend à nager
4. **martine** un mercredi formidable
5. **martine** la nouvelle élève
6. **martine** a perdu son chien
7. **martine** à la montagne
8. **martine** fait du théâtre
9. **martine** et la sorcière
10. **martine** en classe de découverte
11. **martine** se dispute
12. **martine** déménage
13. **martine** et le cadeau d'anniversaire
14. **martine** monte à cheval
15. **martine** la nuit de noël
16. **martine** est malade
17. **martine** fait les courses
18. **martine** drôle de chien
19. **martine** et les lapins du jardin
20. **martine** en bateau
21. **martine** à la mer
22. **martine** et les fantômes
23. **martine** au pays des contes
24. **martine**, princesses et chevaliers
25. **martine** à la maison
26. **martine** et les chatons
27. **martine** à la fête foraine
28. **martine**, l'arche des animaux
29. **martine** garde son petit frère
30. **martine**, la leçon de dessin
31. **martine** et le petit âne
32. **martine** fait du vélo
33. **martine** dans la forêt
34. **martine** et les marmitons
35. **martine** au cirque
36. **martine** en voyage
37. **martine** la surprise
38. **martine** baby-sitter
39. **martine** fait du camping
40. **martine** et son ami le moineau
41. **martine** se déguise
42. **martine** protège la nature
43. **martine** fait de la musique
44. **martine** prend le train
45. **martine** en vacances
46. **martine** en montgolfière
47. **martine** au zoo
48. **martine** et le prince mystérieux
49. **martine** en avion
50. **martine** fête maman
51. **martine** à la ferme
52. **martine** et les quatre saisons
53. **martine**, vive la rentrée !
54. **martine** fait la cuisine
55. **martine** au parc
56. **martine** fait de la voile